As letrinhas fazem a festa

Linguagem e Sociedade

Edição renovada
Série
OURO

Celme Farias Medeiros

Educação
Infantil
1

Editora
do Brasil

Dados Internacionais de Catalogação na Publicação (CIP)
(Câmara Brasileira do Livro, SP, Brasil)

Medeiros, Celme Farias
    As letrinhas fazem a festa : linguagem e sociedade : educação infantil, 1 / Celme Farias Medeiros. – 3. ed. – São Paulo : Editora do Brasil, 2017.

    ISBN: 978-85-10-06574-0 (aluno)
    ISBN: 978-85-10-06575-7 (mestre)

    1. Sociedade (Educação infantil) 2. Português (Educação infantil)
I. Título.

17-04989   CDD-372.21

Índices para catálogo sistemático:
1. Sociedade : Educação infantil 372.21
2. Português : Educação infantil 372.21

© Editora do Brasil S.A., 2017
Todos os direitos reservados

Direção-geral: Vicente Tortamano Avanso

Direção editorial: Cibele Mendes Curto Santos
Gerência editorial: Felipe Ramos Poletti
Supervisão editorial: Erika Caldin
Supervisão de arte, editoração e produção digital: Adelaide Carolina Cerutti
Supervisão de direitos autorais: Marilisa Bertolone Mendes
Supervisão de controle de processos editoriais: Marta Dias Portero
Supervisão de revisão: Dora Helena Feres
Consultoria de iconografia: Tempo Composto Col. de Dados Ltda.

Coordenação editorial: Carla Felix Lopes
Consultoria técnica: Vanessa Mendes Carrera
Edição: Monika Kratzer
Assistência editorial: Juliana Pavoni
Auxílio editorial: Beatriz Villanueva
Coordenação de revisão: Otacilio Palareti
Copidesque: Giselia Costa e Sylmara Beletti
Revisão: Alexandra Resende, Ana Carla Ximenes e Elaine Fares
Coordenação de iconografia: Léo Burgos
Pesquisa iconográfica: Daniel Andrade
Coordenação de arte: Maria Aparecida Alves
Assistência de arte: Samira de Souza
Design gráfico e capa: Regiane Santana
Imagem de capa: Juliana Basile Dias
Ilustrações: André Aguiar, Camila de Godoy, Eduardo Belmiro, Eduardo Souza, Hélio Senatore, Imaginário Studio, Janete Trindade, Maíra Nakazaki, Mirella Spinelli, Paulo Borges e Silvana Rando
Coordenação de editoração eletrônica: Abdonildo José de Lima Santos
Editoração eletrônica: Adriana Tami
Licenciamentos de textos: Cinthya Utiyama, Jennifer Xavier, Paula Harue Tozaki e Renata Garbellini
Controle de processos editoriais: Bruna Alves, Carlos Nunes, Gabriella Mesquita e Rafael Machado

3ª edição / 5ª impressão, 2022
Impresso na Ricargraf Gráfica Editora.

Rua Conselheiro Nébias, 887
São Paulo, SP – CEP 01203-001
Fone: +55 11 3226-0211
www.editoradobrasil.com.br

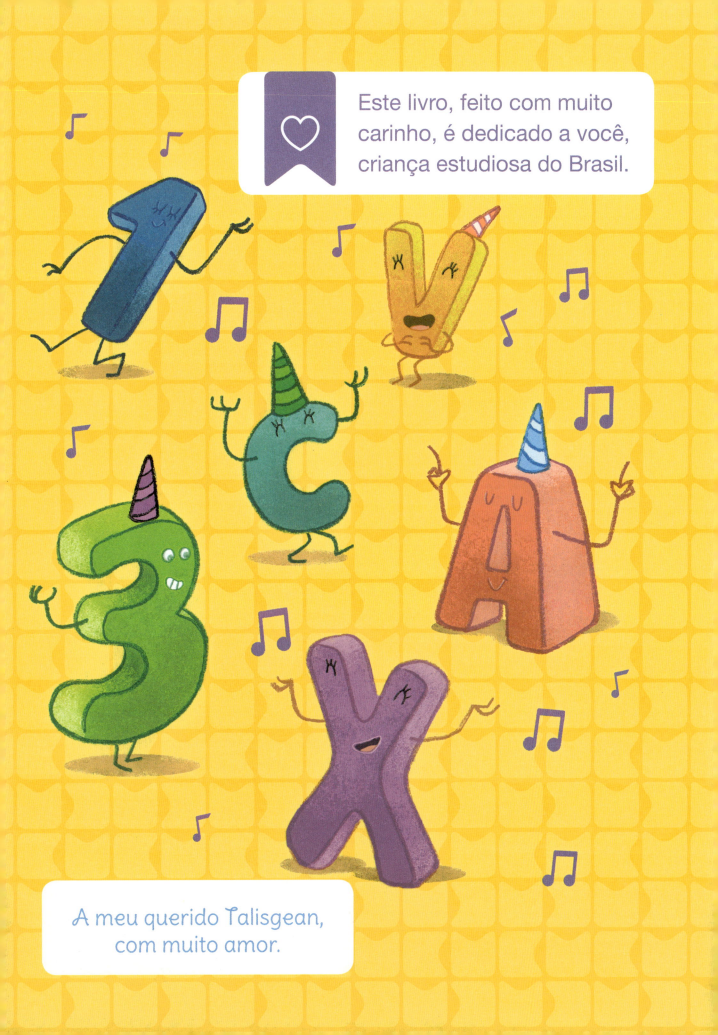

Este livro, feito com muito carinho, é dedicado a você, criança estudiosa do Brasil.

A meu querido Talisgean, com muito amor.

Sumário

Linguagem

Sumário

Coordenação visomotora

🔖 Com a ajuda do professor, contorne uma de suas mãos com lápis e pinte o desenho da mão com sua cor favorita.

■ Pinte os brinquedos e ligue-os à sombra correta.

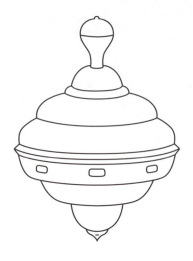

📖 Leve o passarinho até o ninho. Depois, pinte os desenhos.

Trace o caminho do pincel até chegar à lata de tinta.

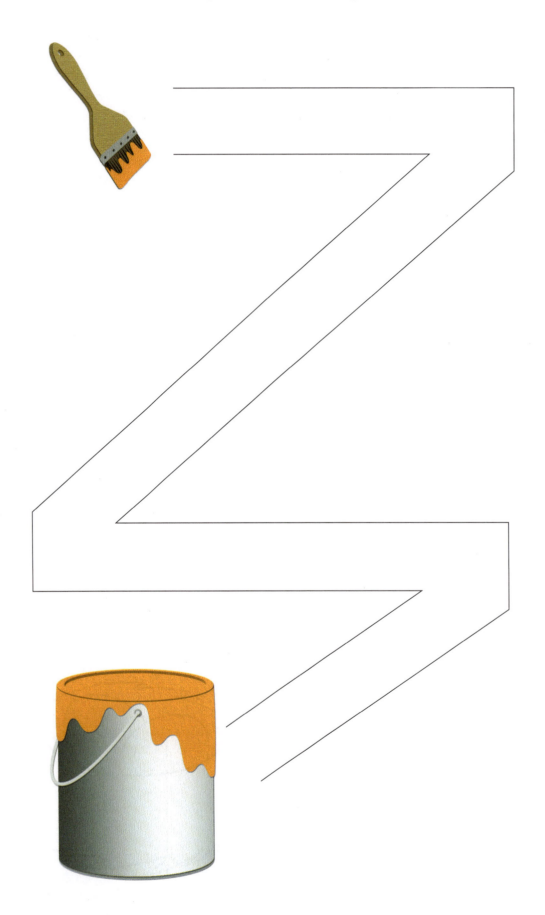

Leve cada cachorro até a respectiva casinha. Trace cada caminho com uma cor.

■ Cubra os tracejados para organizar os palitos. Depois, continue desenhando palitos até completar o espaço entre as linhas.

■ Cubra os tracejados para indicar o movimento do voo de cada bichinho.

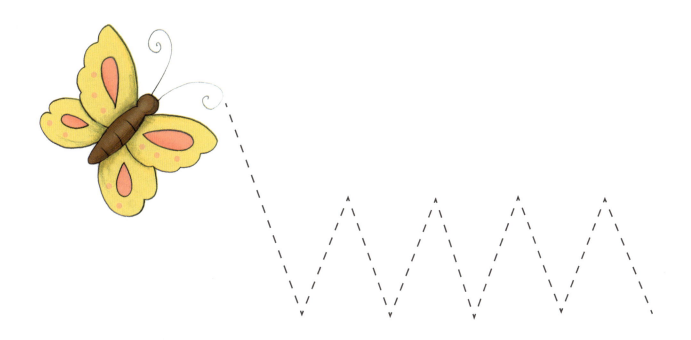

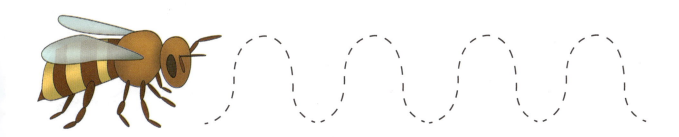

📖 Pinte os animais e ajude-os a encontrar seu filhote cobrindo os tracejados.

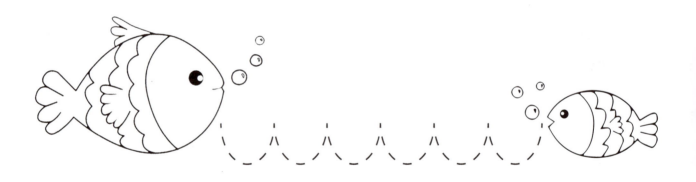

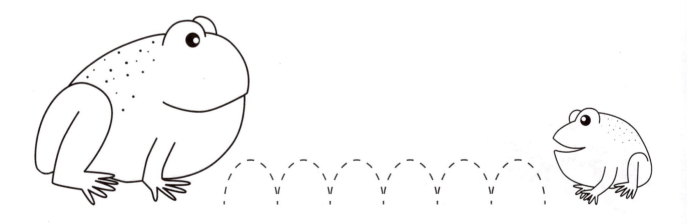

■ Cubra os tracejados para completar o tricô da vovó.

■ Há apenas um caminho para a criança chegar até o brinquedo. Pinte-o.

Cubra os tracejados do corpo da centopeia e pinte cada bolinha com uma cor diferente.

Cubra os tracejados da roda-gigante seguindo a direção das setas.

Observe os objetos a seguir, encontre-os na cena e marque-os com **X**.

■ Pinte os espaços em que aparecem pontinhos usando as cores indicadas para descobrir uma figura.

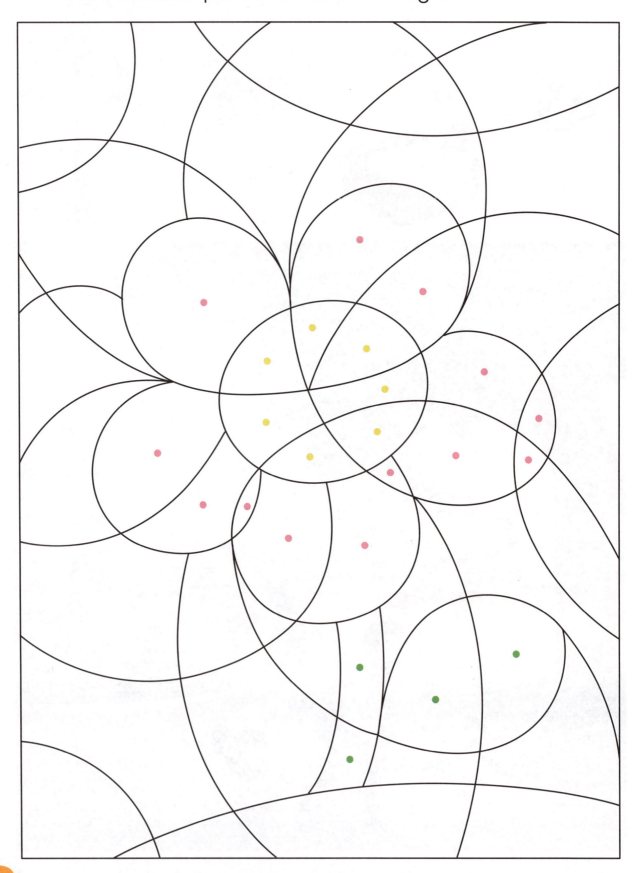

Vogais

A dona aranha

A dona aranha
Subiu pela parede
Veio a chuva forte
E a derrubou.

Já passou a chuva
E o Sol já está surgindo
E a dona aranha
Continua a subir.

Cantiga.

Eu sou a aranha Alice.
Aprenda a primeira letra de meu nome.

aranha

Alice

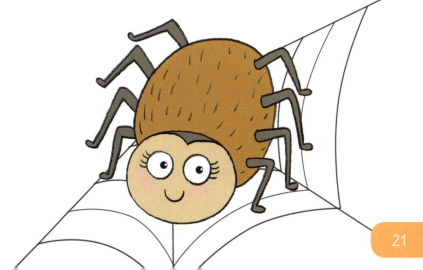

📑 Observe as setas e continue escrevendo a letra ᴀ.
Depois, pinte as figuras.

abelha

avião

Observe as setas e continue escrevendo a letra a.
Depois, pinte as figuras.

Aline

Alex

■ Observe as letras do modelo e pinte os quadros das letras iguais com cores iguais.

$\mathcal{G}$	h	c	$\mathcal{J}$	a
$\mathcal{D}$	a	a	$\mathcal{G}$	$\mathcal{S}$

■ Pinte somente as figuras cujo nome começa com a letra a.

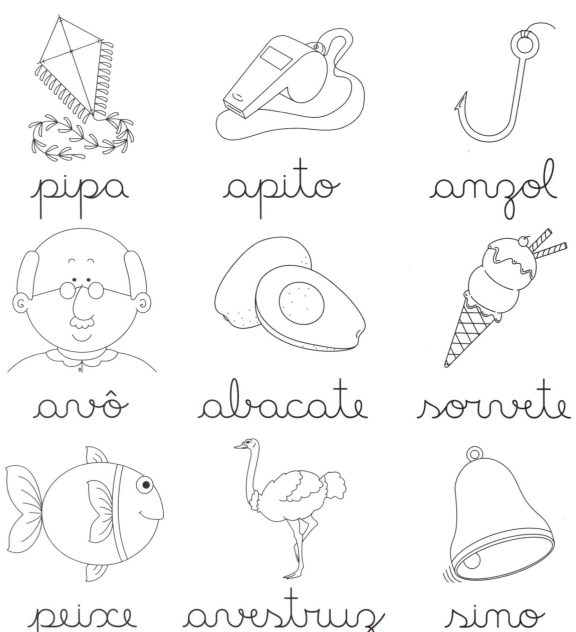

pipa   apito   anzol

avô   abacate   sorvete

peixe   avestruz   sino

📖 Leia o trava-língua e circule as letras $\mathcal{C}$ e a que encontrar.

Clara agarra a rara
arara de Araraquara.

Trava-língua.

📖 Pinte somente as figuras cujo nome começa com a letra a.

🔖 Recorte de jornal ou revista uma figura cujo nome comece com a letra α e cole-a aqui.

■ Cante a música, cubra o tracejado da figura e pinte-a. Depois, cole *glitter* **verde** na pedra do anel.

Perdi meu anel
No buraco da parede
Quem achar me dê de volta
Meu anel de pedra verde.

Cantiga.

anel

■ Cubra o tracejado e continue escrevendo a letra a.

Um elefante incomoda muita gente

Um elefante
Incomoda muita gente.
Dois elefantes
Incomodam,
Incomodam muito mais.

Dois elefantes
Incomodam muita gente.
Três elefantes
Incomodam,
Incomodam,
Incomodam muito mais.

Cantiga.

Eu sou o elefante Eduardo.
Aprenda a primeira letra de meu nome.

elefante
Eduardo

📑 Observe as setas e continue escrevendo a letra ℓ. Depois, pinte as figuras.

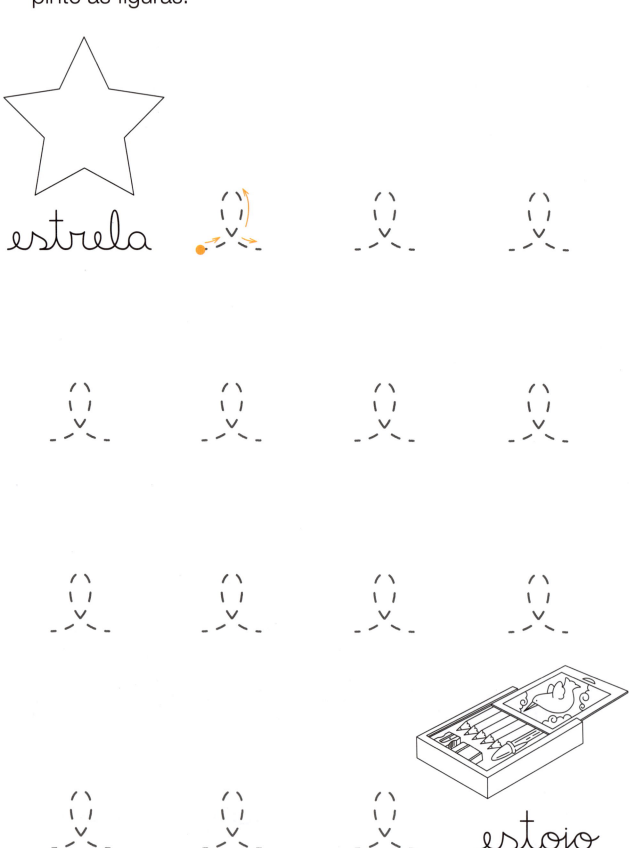

estrela

estojo

Observe as setas e continue escrevendo a letra Ɛ.
Depois, pinte as figuras.

Enzo

Érica

📑 Observe as letras do modelo e pinte os quadros das letras iguais com cores iguais.

$\mathcal{G}$	ℓ	$\hbar$	$\mathcal{E}$	$\mathcal{J}$
$\mathcal{E}$	ℓ	a	$\mathcal{O}$	ℓ

📑 Pinte somente as figuras cujo nome começa com a letra ℓ.

escova   panela   bicicleta

casa   espada   escada

espelho   escorregador   gato

🔖 Leia o trava-língua e circule as letras Ɛ e ℓ que encontrar.

– Ɛ o pelo no pé de Pedro?
– É preto!

Trava-língua.

🔖 Pinte somente as figuras cujo nome começa com a letra ℓ.

■ Recorte de jornal ou revista uma figura cujo nome comece com a letra 𝓵 e cole-a aqui.

🔖 Cubra o tracejado. Depois, pinte a espiga usando esponja e tinta guache amarela.

espiga

🔖 Cubra o tracejado e continue escrevendo a letra 𝓮.

A canoa virou

A canoa virou
Por deixar ela virar
Foi por causa da Isabel
Que não soube remar.

Se eu fosse um peixinho
E soubesse nadar
Eu tirava a Isabel
Lá do fundo do mar.

Cantiga.

Eu sou a Isabel e este é o Ivan. Nós somos irmãos.
Aprenda a primeira letra de nosso nome.

irmãos

Isabel

Ivan

Observe as setas e continue escrevendo a letra *i*. Depois, pinte as figuras.

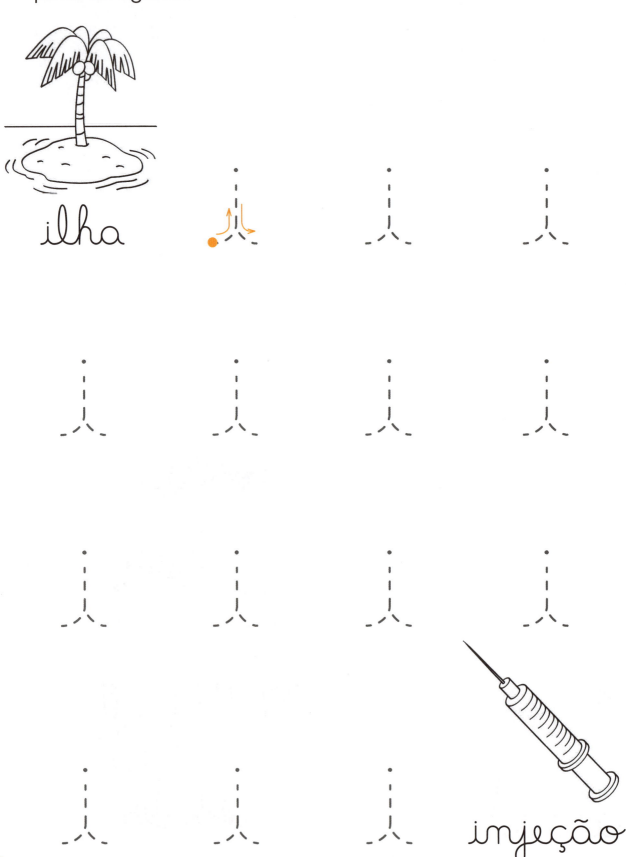

ilha

injeção

■ Observe as setas e continue escrevendo a letra *J*.
Depois, pinte as figuras.

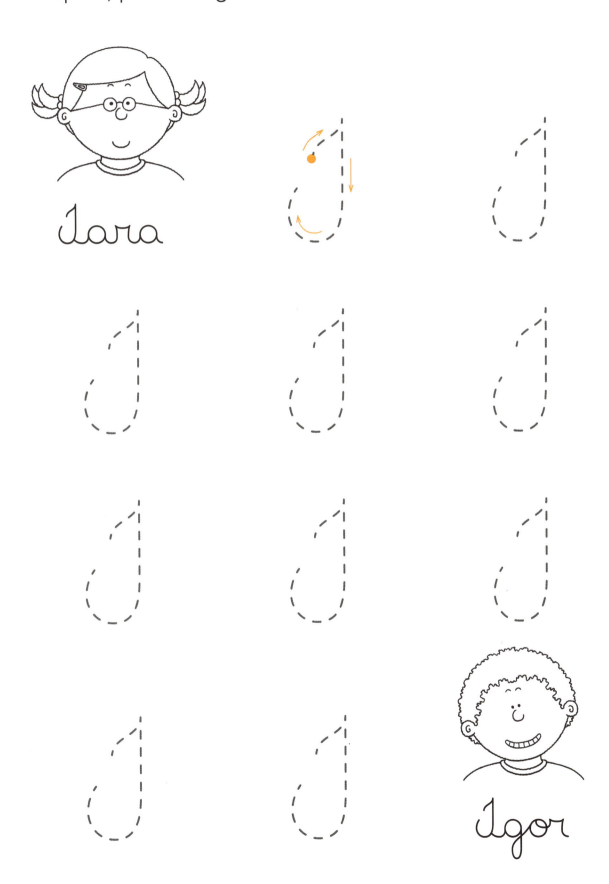

Iara

Igor

📑 Observe as letras do modelo e pinte os quadros das letras iguais com cores iguais.

i	ʝ	i	b	m
C	ʝ	o	ʝ	i

📑 Pinte somente as figuras cujo nome começa com a letra i.

carro   índia   árvore

sabão   iglu   lápis

ímã   iguana   isqueiro

📖 Leia o trava-língua e circule as letras $\mathcal{J}$ e i que encontrar.

Você sabia que o sabiá
sabia assobiar?

Trava-língua.

📖 Pinte somente as figuras cujo nome começa com a letra i.

■ Recorte de jornal ou revista uma figura cujo nome comece com a letra ↓ e cole-a aqui.

📑 Cubra o tracejado, pinte a figura e cole um pedaço de barbante na linha pontilhada para descobrir a resposta da adivinha.

O que é, o que é?

É só puxar a linha
Que subo e desço
Por uma cordinha.

Adivinha.

📑 Cubra o tracejado e continue escrevendo a letra i.

Onça-pintada

Onça-pintada
Quem foi que te pintou?
Foi uma velhinha
Que por aqui passou.

Tempo de areia
Fazia poeira.
Puxa lagartixa
Na sua orelha.

Cantiga.

Eu sou a onça Olga.
Aprenda a primeira letra de meu nome.

onça

Olga

▌ Observe as setas e continue escrevendo a letra ᴑ.
Depois, pinte as figuras.

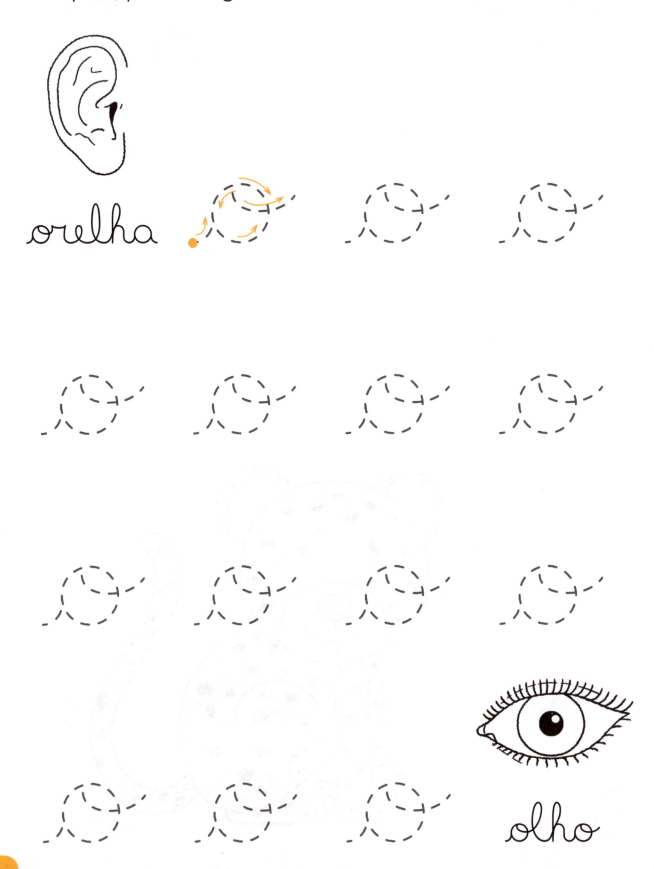

orelha

olho

Observe as setas e continue escrevendo a letra O. Depois, pinte as figuras.

🔖 Observe as letras do modelo e pinte os quadros das letras iguais com cores iguais.

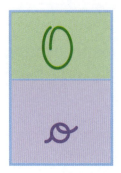

o	B	O	n	o
O	f	o	O	z

🔖 Pinte somente as figuras cujo nome começa com a letra o.

ovelha   pera   bola

osso   oca   onda

ostra   foguete   pente

📑 Leia o trava-língua e circule as letras O e o que encontrar.

O sapo dentro do saco

O saco com o sapo dentro

O sapo batendo papo

O papo cheio de vento.

Trava-língua.

📑 Pinte somente as figuras cujo nome começa com a letra o.

Recorte de jornal ou revista uma figura cujo nome comece com a letra *o* e cole-a aqui.

📑 Cubra o tracejado, pinte a figura e cole pedaços de casca de ovo nela para descobrir a resposta da adivinha.

O que é, o que é?

Uma casa branca sem porta e sem janela.
Tem paredes muito finas e dona Clara mora nela.

Adivinha.

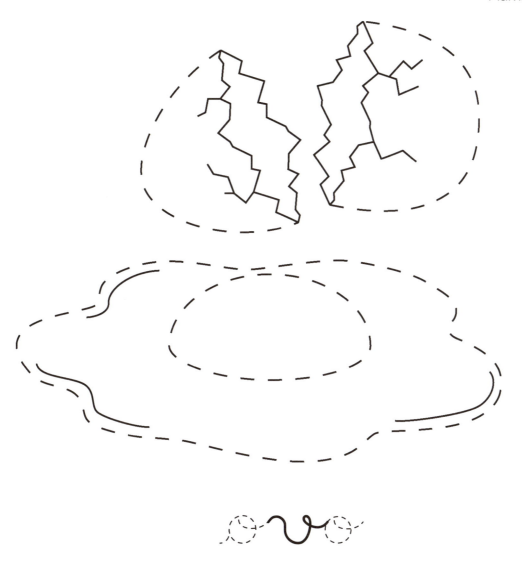

📑 Cubra o tracejado e continue escrevendo a letra 𝓸.

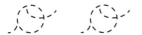

_____

51

Uni duni tê

Uni duni tê,
Salamê minguê.
Uni duni tê,
Salamê minguê.
Um sorvete colorê,
O escolhido foi você!

Parlenda.

Eu fui o escolhido! Sou o urubu Ulisses.
Aprenda a primeira letra de meu nome.

urubu

Ulisses

Observe as setas e continue escrevendo a letra *u*.
Depois, pinte as figuras.

unha

ultraleve

Observe as setas e continue escrevendo a letra $\mathcal{U}$. Depois, pinte as figuras.

Úrsula

Ulisses

📑 Observe as letras do modelo e pinte os quadros das letras iguais com cores iguais.

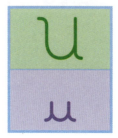

$\mathcal{U}$	ℓ	h	c	$\mathcal{u}$
$\mathcal{D}$	$\mathcal{u}$	$\mathcal{u}$	$\mathcal{U}$	a

📑 Pinte somente as figuras cujo nome começa com a letra $\mathcal{u}$.

chapéu   sapo   ônibus

mala   unha   umbigo

cavalo   urupema   urso

📑 Leia o trava-língua e circule as letras U e u que encontrar.

Fui à feira comprar uva
Encontrei uma coruja.
Pisei no rabo dela
Ela me chamou de cara suja.

Trava-língua.

📑 Pinte somente as figuras cujo nome começa com a letra u.

■ Recorte de jornal ou revista uma figura cujo nome comece com a letra u e cole-a aqui.

📕 Cubra o tracejado, pinte o uniforme e decore-o colando retalhos de tecido.

uniforme

📕 Cubra o tracejado e continue escrevendo a letra u.

Revisão de vogais

🔖 Estas são as vogais que você já aprendeu. Cubra os tracejados.

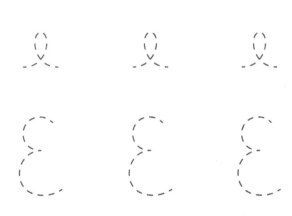

Cubra os tracejados das vogais. Depois, copie-as para completar os quadros.

a	e	i	o	u
a	e	i	o	u

A	E	I	O	U
A	E	I	O	U

Pinte as vogais com as cores indicadas.

a 🟢 l 🔴 i 🟣 o 🔵 u 🟡

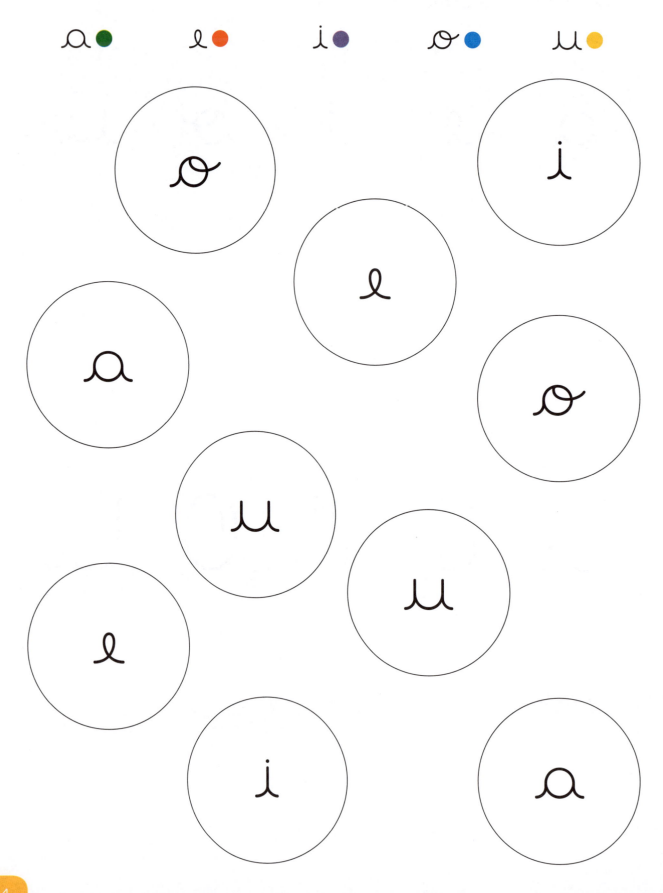

📑 Pinte na cantiga todas as vogais que você encontrar. Use uma cor para cada vogal.

Vogais

A, A, A, minha abelhinha
Ai que bom seria
Se tu fosses minha.

E, E, E, minha escovinha
Quem te pôs as mãos
Sabendo que és minha?

I, I, I, o índio chegou
E correndo pro bosque
Se mandou.

O, O, O, óculos da vovó
Todo quebradinho
De uma perna só.

U, U, U, seu Urubu
Que vive brincando
Com seu Peru.

Yorrana Plinta.

■ Escreva uma vogal em cada balão.

📑 Ligue as vogais.

a   u

e   ε

i   o

o   a

u   ɔ

🔖 Ligue cada vogal à palavra que começa com ela.

a   unha

e   igreja

i   ameixa

o   estojo

u   olho

🔖 Observe as figuras e complete o nome delas com a vogal inicial.

____vião   ____scada

____lha   ____vo   ____rso

Em cada linha, pinte apenas as figuras cujo nome começa com a letra em destaque.

📑 Escreva no quadro a vogal que inicia o nome das marcas a seguir.

Itaú Unibanco Holding S.A.

Avon Cosméticos Ltda.

Manufatura de Brinquedos Estrela S.A.

Oi S.A.

Camil Alimentos S.A.

Recorte o quebra-cabeça de vogais e brinque com os colegas.

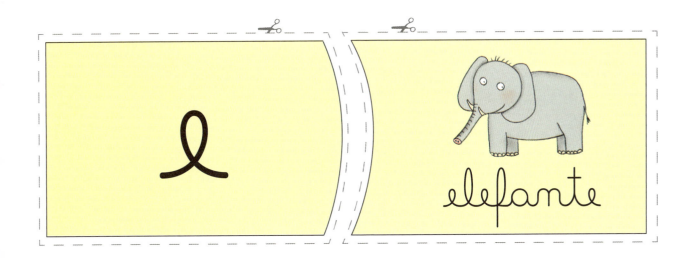

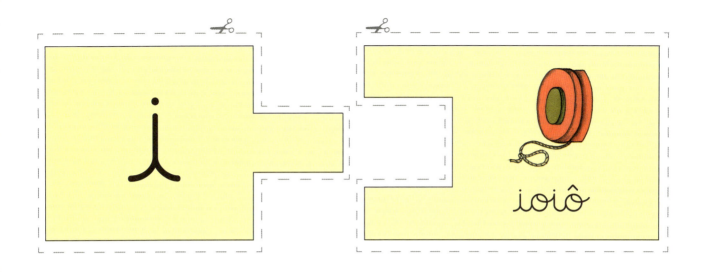

i ↔ ioiô

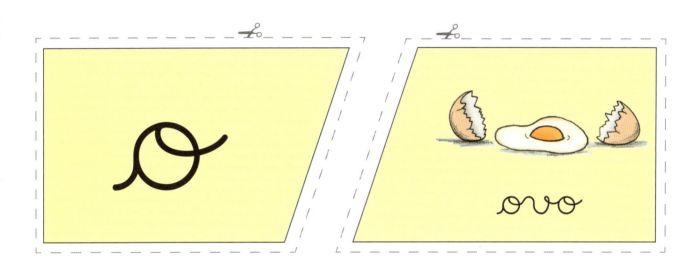

o ↔ ovo

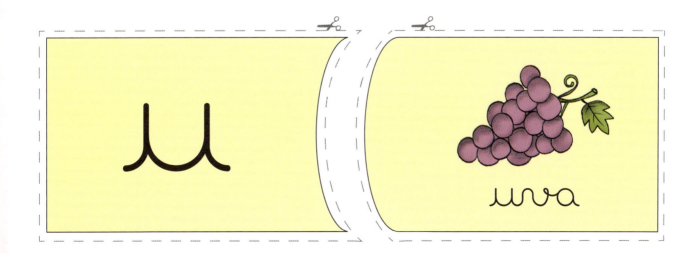

u ↔ uva

Encontros vocálicos

🔖 As vogais podem formar palavras quando se juntam!
Leia-as e cubra o tracejado delas. Depois, pinte as figuras.

ai   au

ai   au

ai   au

📖 Leia os encontros vocálicos e cubra o tracejado deles. Depois, pinte as figuras.

📕 Leia os encontros vocálicos e cubra o tracejado deles. Depois, pinte as figuras.

oi   ui

oi   ui

oi   ui

oi   ui

📑 Junte as vogais e escreva as palavras formadas.

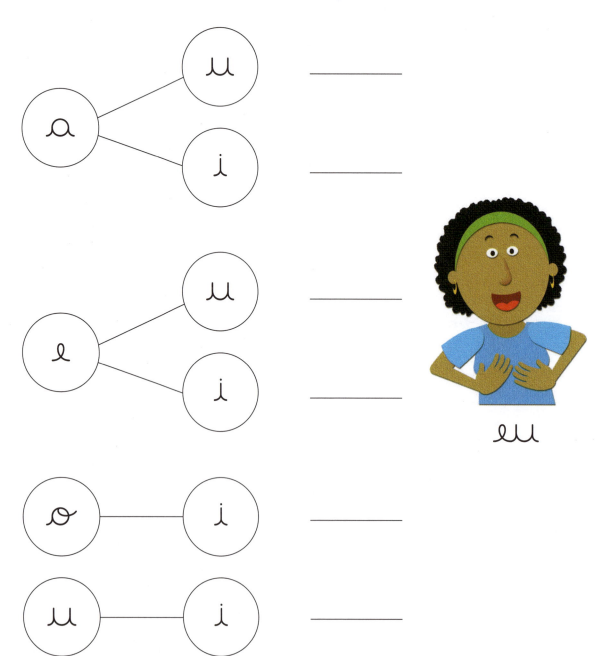

eu

Complete os balões usando as palavras do quadro.

ai - au - ei - eu - oi - ui

📌 Circule os encontros vocálicos da cantiga a seguir. Depois, pinte a figura.

Cai, cai, balão
Cai, cai, balão
Aqui na minha mão
Não cai, não
Não cai, não
Não cai, não
Cai na rua do sabão.

Cantiga.

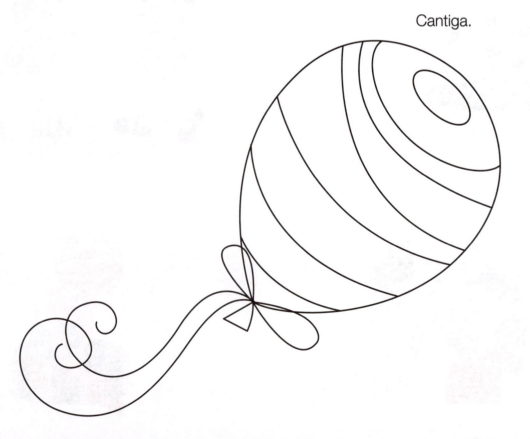

📕 Faça um desenho para ilustrar cada encontro vocálico a seguir.

Cuu!

Ui!

Palavras

As vogais ajudam a formar palavras. Leia as palavras com a ajuda do professor, circule as vogais e pinte as figuras.

navio

dado

pato

cama

queijo

bola

homem

galo

mel

foca

jipe

leite

Complete os espaços com vogais para formar palavras. Depois, pinte as figuras.

____meixca

____njeção

____nha

____bacaxi

____nça

____stojo

____squilo

____lhos

____greja

____vas

🔖 Artur foi ao zoológico e viu muitos animais. Complete o nome dos animais com as vogais que faltam.

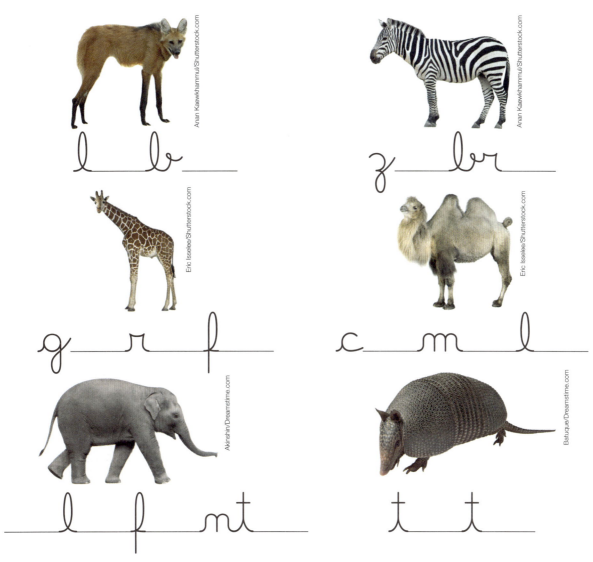

l _ b _ _   z _ br _

g _ r _ f _   c _ m _ l _

_ l _ f _ nt _   t _ t _

🔖 E você, já foi ao zoológico? Qual é seu animal preferido? Desenhe-o abaixo.

📑 Ligue cada palavra à figura que a representa.

rede

zebra

tigela

vaso

xícara

sapato

Sociedade

Sumário

Coordenação visomotora

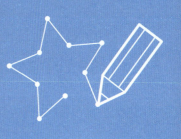

Cubra o tracejado e continue desenhando a chuva.

Pinte da mesma cor a roupa e a pipa de cada criança. Use uma cor diferente para cada uma delas.

Pinte somente o tatu que é igual ao modelo.

Quem sou eu?

Como são seus cabelos?

Qual é a cor de seus olhos?

Como são sua boca e seu nariz?

Onde ficam suas orelhas?

Observe seu rosto em um espelho e faça um autorretrato no quadro a seguir.

 Pinte o círculo com sua cor favorita e diga o nome dela.

 Agora, desenhe você e seus amigos brincando de sua brincadeira predileta.

A família

As famílias são formadas de diferentes maneiras.

Veja algumas pessoas que podem fazer parte de nossa família.

Avô e avó.

Pai e mãe.

Irmão e irmã.

Tio e tia.

Primo e prima.

Quem são as pessoas que moram com você?

🔖 Cole uma fotografia de sua família ou represente-a com um desenho.

📑 Cante a cantiga. Depois, circule a família que mais se parece com a família citada na música.

Nana neném

Nana, neném,
Que a cuca vem pegar.
Papai foi para a roça
Mamãe foi trabalhar.

Desce gatinho
De cima do telhado,
Para ver se a criança
Dorme um sono sossegado.

Cantiga.

O vovô não encontra os óculos dele, e a vovó não acha o casaquinho dela. Ajude-os a encontrar esses objetos e circule-os na cena.

O que você gosta de fazer quando está com sua família?

🔖 Desenhe no quadro um momento agradável que você viveu com sua família. Pode ser um passeio, uma viagem ou algo que fizeram juntos no tempo livre. Depois, conte aos colegas como foi esse momento.

É importante ajudar nas tarefas de casa.

- Converse com as pessoas que moram com você sobre situações em que você as ajudou nas tarefas de casa. Depois, recorte de jornais e revistas figuras que representem o que conversaram e cole-as no quadro a seguir.

A casa

A casa é o lugar onde moramos.

Os seres humanos inventaram diferentes modos de construir suas habitações usando diversos materiais, como madeira, pedra, tijolo, gelo etc.

Há muitos tipos de moradia: sobrado, prédio de apartamentos, casa de praia, casa de campo, palafita, oca...

🔖 Observe alguns tipos de moradia e assinale a que mais se parece com a sua.

■ As casas podem ser divididas em cômodos. Veja:

Sala de estar.

Quarto.

Banheiro.

Cozinha.

Garagem.

Quintal.

■ Quantos cômodos há em sua casa? Faça bolinhas para representar essa quantidade.

■ Circule os objetos que geralmente são encontrados na cozinha de uma casa.

■ Lembre-se de seu quarto e desenhe-o a seguir.

Observe alguns cuidados para conservar a casa limpa.

Não deixar brinquedos espalhados pela casa.

Colocar a roupa suja no cesto de roupas.

Abrir cortinas e janelas para arejar o ambiente.

Tirar a poeira com um pano úmido.

Colocar o lixo em latas e tampá-las.

Dar a descarga toda vez que usar o vaso sanitário.

Os animais também têm um lugar para morar.

🔖 Ligue cada animal à casa dele.

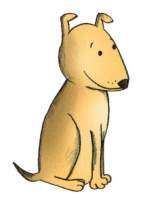 

Recorte as figuras da página 107, siga as pistas das crianças sobre a moradia delas e descubra quem mora em qual casa. Depois, cole cada casa ao lado da criança que mora nela.

Minha casa é térrea, tem uma porta, duas janelas e é feita de madeira.

Minha casa é um sobrado. Na parte de cima ficam os quartos e na parte de baixo estão a sala de estar e a cozinha.

Eu moro em um apartamento que fica no 2º andar de um prédio. Meus vizinhos moram em outros apartamentos no mesmo prédio.

Recorte as figuras desta página e cole-as na página 106, seguindo as dicas de cada criança sobre a moradia delas.

A escola

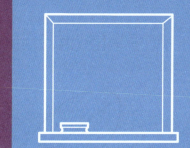

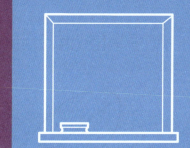 Passeie por sua escola com os colegas e o professor. Depois, desenhe-a no quadro a seguir.

 Com a ajuda do professor, escreva o nome de sua escola.

_____

🔖 Pinte os materiais que você usa na sala de aula.

O que você mais gosta de fazer na escola? Observe as cenas e pinte sua atividade favorita.

Na escola também fazemos muitos amigos.

Desenhe seus colegas de sala de aula.

A escola é o lugar onde aprendemos a ler, escrever, contar, recortar, pintar e a fazer muitas outras coisas.

A escola se modificou com o tempo.

🔖 Observe as fotografias a seguir e descreva oralmente as diferenças entre uma escola de antigamente e uma atual.

Sala de aula de uma escola pública em 1899, aproximadamente.

Sala de aula de uma escola pública em 2014, aproximadamente.

Observe os objetos e materiais escolares do passado e ligue cada um ao que o substitui atualmente.
Depois, converse com os colegas e o professor sobre semelhanças e diferenças entre esses itens.

Em uma escola podem trabalhar muitas pessoas. Todas elas realizam atividades importantes para o funcionamento da escola.

🔖 Marque com **X** os profissionais que trabalham em sua escola.

Diretor. ☐

Secretária. ☐

Servente. ☐

Professor. ☐

Bibliotecária. ☐

Merendeira. ☐

Observe o caminho de sua casa até a escola e marque com **X** as figuras que representam coisas que você vê no trajeto.

Os meios de comunicação

Os meios de comunicação nos ajudam a enviar e receber informações. Por meio deles podemos ler, ouvir e ver notícias do mundo inteiro, falar com pessoas que estão distantes de nós, além de nos divertir ouvindo músicas e assistindo a filmes e desenhos.

Circule os meios de comunicação que você já usou.

Televisão.

Telefone.

Rádio.

Jornal.

Revista.

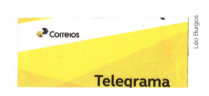

Telegrama.

Computador.

Celular.

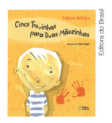

Livro.

🔖 Se você fosse mandar um recado para alguém de sua família, qual destes meios de comunicação usaria? Circule-o.

🔖 Com a ajuda do professor, escreva no espaço a seguir uma mensagem para alguém de sua família.

_____

_____

_____

_____

📑 Pinte os meios de comunicação que podem ser usados para ouvir notícias.

📑 Pinte os meios de comunicação que podem ser usados para ler notícias.

📑 Pinte os meios de comunicação que podem ser usados para ver e ouvir notícias.

🔖 Ligue os pontos e descubra um meio de comunicação que usamos para acessar a internet e enviar *e-mails*.

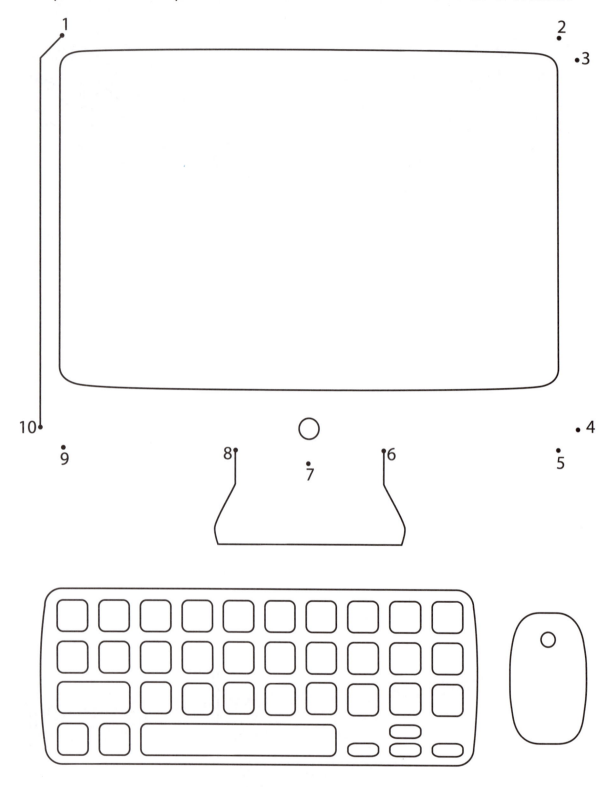

🔖 Que meio de comunicação você descobriu? Responda oralmente.

Podemos nos comunicar também por meio de gestos.

🔖 Com a ajuda do professor, ligue cada gesto ao respectivo significado.

Sinal de positivo.

Pedido de silêncio.

Aceno de despedida.

Sinal de negativo.

Os meios de transporte

Os meios de transporte levam pessoas e mercadorias de um lugar para outro.

🔖 Circule os meios de transporte que você já usou.

Bicicleta.

Motocicleta.

Carro.

Ônibus.

Barco.

Avião.

Os meios de transporte que se locomovem por terra são chamados de **terrestres**.

Pinte apenas os meios de transporte terrestres.

Os meios de transporte que se locomovem pelo ar são chamados de **aéreos**.

🔖 Pinte apenas os meios de transporte aéreos.

Os meios de transporte que se locomovem pela água são chamados de **aquáticos**.

Pinte apenas os meios de transporte aquáticos.

Observe a cena e pinte os meios de transporte de acordo com a legenda.

● meio de transporte terrestre

● meio de transporte aéreo

● meio de transporte aquático

🔖 Recorte de jornais e revistas figuras de diferentes meios de transporte e cole-as no quadro a seguir.

O trânsito

Trânsito é o movimento de pessoas e veículos nas ruas, avenidas e estradas.

🔖 Pinte esta cena, que representa uma medida de segurança no trânsito.

As faixas de segurança são listras brancas sobre o asfalto que indicam o local por onde os pedestres podem e devem atravessar.

Ao atravessar a rua, obedeça aos sinais de trânsito.

🔖 Pinte com giz de cera, nas cores indicadas, o **semáforo para veículos**.

Pare!
Os carros param e os pedestres atravessam a rua.

Atenção!
Os carros e os pedestres aguardam.

Siga!
Agora os carros passam e os pedestres aguardam.

◤ Encontramos em muitas ruas, junto aos semáforos para veículos, os **semáforos para pedestres**.

Fernando Favoretto/Criar Imagem

Pare!

Os pedestres param e os carros andam.

Siga!

Os carros param e os pedestres atravessam a rua.

◤ Pinte de **verde** o sinal de pedestres que indica a Renato que ele pode atravessar a rua.

Marque com X as cenas que representam atitudes corretas no trânsito.

Datas comemorativas

Carnaval

O Carnaval é uma das manifestações mais populares do Brasil e é festejado em todo o país.

Dançarinos de frevo.
Recife, Pernambuco.

Bloco de Carnaval com bonecos gigantes. Olinda, Pernambuco.

Desfile de escola de samba.
Rio de Janeiro, Rio de Janeiro.

Como é comemorado o Carnaval em sua cidade? Converse com os colegas e o professor.

📖 Destaque esta página, cole-a em um pedaço de cartolina e enfeite a máscara com lantejoulas, *glitter* e penas coloridas. Depois, recorte-a na linha tracejada e use-a no Carnaval.

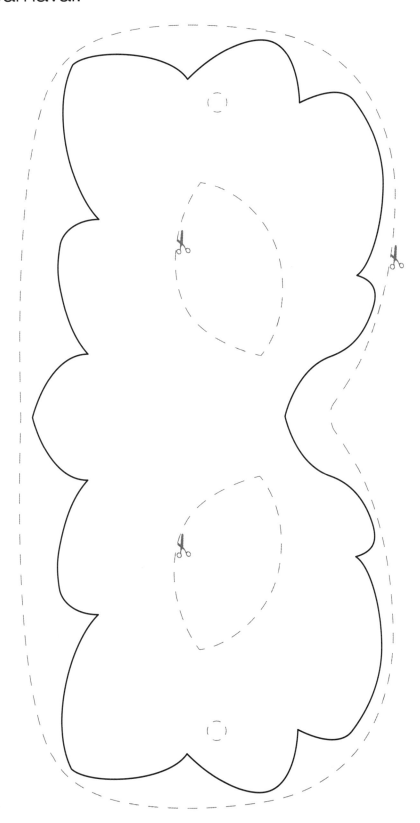

Páscoa

A Páscoa é uma festa religiosa na qual os cristãos comemoram a vida nova de Jesus Cristo.

O ovo e o coelho são símbolos da Páscoa.

🔖 Cubra o tracejado do ovo de Páscoa e pinte-o com as cores de que você mais gosta.

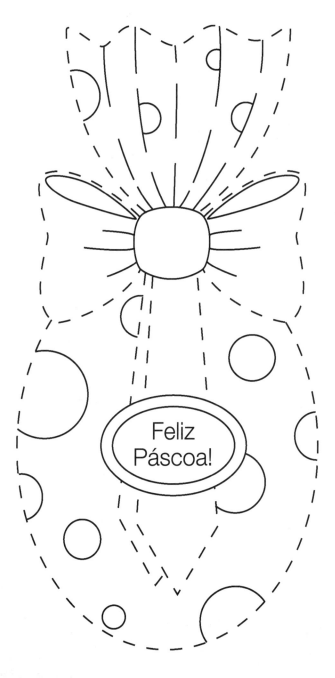

Feliz Páscoa!

Na tradição dessa comemoração, diz-se que o coelho da Páscoa esconde ovos de chocolate.

▸ Encontre os ovos que o coelho escondeu e os circule.

Dia do Índio – 19 de abril

Os indígenas foram os primeiros habitantes do Brasil.

Algumas tribos indígenas ainda mantêm hábitos de sua cultura, como morar em ocas, dormir em redes e usar tinturas corporais e acessórios, como cocares.

Outras tribos modificaram seus hábitos e moram em casas de alvenaria, frequentam escolas e universidades, vestem-se com roupas de tecido e usam aparelhos eletrônicos, como rádio, televisão e celular.

Dança Auguhi-Kuarup da tribo indígena Kalapalo, da Aldeia Aiha, no Parque Indígena do Xingu, Mato Grosso.

Família da Aldeia Araiô, no Parque Indígena do Xingu, Mato Grosso.

As crianças indígenas também gostam muito de brincar. Você sabia que na tribo Kalapalo, do Parque Indígena do Xingu, no Mato Grosso, as crianças brincam de *heiné kuputisü*?

■ Com a ajuda do professor, brinque com os colegas de *heiné kuputisü*. Depois, pinte a cena abaixo.

Dia das Mães – 2º domingo de maio

🔖 Destaque esta página e cole-a em um pedaço de cartolina. Em seguida, passe uma cor de tinta em cada dedo de uma das mãos e carimbe-os ao redor do miolo da flor para formar as pétalas dela. Depois, recorte o cartão e entregue-o para a mamãe ou para a pessoa que cuida de você.

Agradeço por cuidar de mim com tanto amor.
Parabéns pelo seu dia, mamãe!

■ Pinte a cena que representa o que você mais gosta de fazer na companhia de sua mãe ou da pessoa que cuida de você.

■ Qual é o nome de sua mãe ou da pessoa que cuida de você? Responda oralmente.

Festas Juninas

No mês de junho, comemoram-se as Festas Juninas, em homenagem a três santos católicos:

- Santo Antônio – 13 de junho;
- São João – 24 de junho;
- São Pedro – 29 de junho.

Nessas festas, há roupas caipiras, danças de quadrilha, enfeites de bandeirinhas e barracas com brincadeiras e comidas típicas.

🔖 Pinte bem colorida a roupa dos caipirinhas que dançam quadrilha.

🔖 Pinte as figuras que lembram as Festas Juninas.

Dia dos Pais – 2º domingo de agosto

🔖 Pinte a cena que representa o que você mais gosta de fazer na companhia de seu pai ou da pessoa que cuida de você.

🔖 Qual é o nome de seu pai ou da pessoa que cuida de você? Responda oralmente.

■ Destaque esta página, cole-a em um pedaço de cartolina e decore a medalha usando cola colorida. Depois, recorte a medalha nas linhas tracejadas, passe uma fita pelo buraco e entregue-a ao papai ou à pessoa que cuida de você.

Agradeço por cuidar de mim
com tanto amor.
Parabéns pelo seu dia,
papai!

Dia do Folclore – 22 de agosto

O folclore brasileiro é repleto de lendas, mitos, danças e cantigas que são passadas de geração a geração.

🔖 Pinte alguns personagens de nosso folclore.

Saci.

Bumba meu boi.

Boitatá.

Curupira.

Dia do Soldado – 25 de agosto

O soldado defende nossa pátria.

🔖 Ligue o soldado à sombra dele. Depois, cante a música com os colegas e o professor.

Marcha soldado

Marcha soldado
Cabeça de papel
Se não marchar direito
Vai preso pro quartel.

O quartel pegou fogo
Francisco deu sinal
Acode, acode, acode
A Bandeira Nacional.

Cantiga.

Dia da Pátria – 7 de setembro

No dia 7 de setembro de 1822, D. Pedro I proclamou a Independência do Brasil. É nessa data que comemoramos o Dia da Pátria.

O Brasil é a nossa pátria!

🔖 Pinte os instrumentos que as crianças estão tocando na fanfarra do desfile de Sete de Setembro.

🔖 O que podemos fazer para o Brasil ser um lugar cada vez melhor para vivermos? Converse com os colegas e o professor.

Dia da Árvore – 21 de setembro

As árvores limpam o ar e podem nos oferecer sombra, flores e frutos.

🔖 Recorte de revistas figuras de diferentes árvores e cole-as no quadro.

Dia da Criança – 12 de outubro

Toda criança tem o direito de crescer com saúde, brincar, receber boa alimentação e atendimento médico e ter uma casa para morar.

Toda criança precisa de amor e compreensão.

🔖 Pinte as cenas abaixo que mostram crianças respeitadas e cuidadas com amor.

Como é bom ser criança!
Toda criança gosta de brincar!

🔖 A turma está brincando de esconde-esconde. Pinte as crianças que você encontrar.

Dia do Professor – 15 de outubro

O professor é uma pessoa dedicada que, com paciência, nos ensina a ler, escrever, contar e compreender melhor tudo o que nos cerca.

🔖 Destaque esta página, cole-a em um pedaço de cartolina e pinte a maçã com esponja e tinta guache **vermelha**. Depois, recorte-a na linha tracejada e dobre-a na linha pontilhada.

🔖 Escreva seu nome dentro do cartão e ofereça-o a seu professor.

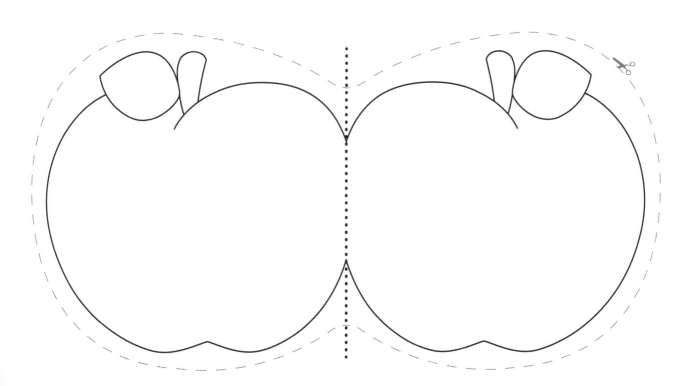

Dia da Bandeira – 19 de novembro

A Bandeira Nacional é um dos símbolos de nossa pátria.

🔖 Termine de pintar a bandeira do Brasil usando giz de cera nas cores indicadas.

Natal – 25 de dezembro

No Natal, os cristãos comemoram o nascimento de Jesus Cristo.

Papai Noel é um símbolo da demonstração de amor ao próximo.

🔖 Ajude Papai Noel a encontrar o caminho até a família que receberá os presentes.

Pinte a árvore de Natal usando pincel e tinta **verde**.
Depois, cole bolinhas de papel colorido nela para enfeitá-la.